Traudel Hartel

Papierschöpfen

Technik, Färben, Gestalten

Zur Autorin:
Traudel Hartel ist in der Museumspädagogik (Museum für Kunsthandwerk, Frankfurt) sowie in der Erwachsenen- und Lehrerfortbildung tätig. Sie ist Autorin mehrerer Bücher und freie Mitarbeiterin bei verschiedenen Magazinen im Kreativbereich. Im Mittelpunkt ihrer Arbeiten stehen Papier- und Textilanwendungen, bei denen viele Techniken kombiniert werden. Für ihre Arbeiten erhielt Frau Hartel zahlreiche Preise.

Die Deutsche Bibliothek – CIP-Einheitsaufnahme
Ein Titeldatensatz für diese Publikation ist bei Der Deutschen Bibliothek erhältlich.
ISBN 3-332-01064-6

www.dornier-verlage.de
www.urania-ravensburger.de

2. Auflage August 2002

Der Urania Verlag ist ein Unternehmen der Verlagsgruppe Dornier.

Umschlaggestaltung: Behrend & Buchholz, Hamburg
Zeichnungen: Ekkehard Drechsel BDG und Dirk Lieb
Fotos: Václav Reischl
Satz: Fotosatz Ruderer, Grünkraut
Gesamtherstellung: Urania Verlag
Printed in Slovakia

Gedruckt auf alterungsbeständigem Papier mit chlorfrei gebleichtem Zellstoff.

Traudel Hartel

Papierschöpfen

Technik, Färben, Gestalten

Ravensburger Ratgeber
im Urania Verlag

Inhalt

Einführung 7

Kleine Papier-Geschichte 8
Material und Werkzeug 10

Vorbereiten zum Schöpfen 12
– Herstellen des Faserbreis 12
– Zuschneiden der Schöpfgitter 13
– Herstellen eines Schöpfrahmens 13
– Der Arbeitsplatz 14

Schöpfvorgang mit dem Schöpfgitter 15
Schöpfvorgang mit dem Schöpfrahmen 17
Struktur und Farbe 20
– Pflanzenzusätze 20
– Pflanzenpapiere 20

Schöpfvariationen 22
– Einschöpfen 22
– Einschließen 24
– Initialen 26

Weitere Gestaltungsmöglichkeiten 28
– Spritztechnik 28
– Bedrucken 29
– Stencildruck 29
– Papiere mit Textilien 29

Briefpapier 38
Kuverts 39
Dosen 42
Leporellos 44
Mappen 46
Bücher und Hefte 49
Verpackungen 52
Collagen 56
Bildobjekte 62
Herstellernachweise 64

PAPIER

Recycling.

Einführung

Wer zum ersten Mal erlebt, wie aus einem faserigen Brei ein Blatt Papier entsteht, ist oft erstaunt über die Einfachheit dieses Vorgangs, bald aber – nach den ersten eigenen Versuchen – geradezu begeistert von den vielfältigen Möglichkeiten der Gestaltung und Anwendung. Das erlebe ich jedenfalls immer wieder bei den Teilnehmern meiner Kurse am Museum für Kunsthandwerk in Frankfurt, die mich übrigens zum Schreiben dieses Buches ermuntert haben.
Mir geht es in diesem Buch in erster Linie um den kreativen, unkonventionellen und experimentellen Umgang mit der alten Kunst des Papierschöpfens. Ich möchte Ihnen zeigen, wie man mit wenig Aufwand und geringen Kosten, dafür um so mehr Experimentierfreude, aus Altpapier phantasievolle handgeschöpfte Papiere herstellen kann. Sie werden erleben, wie Sie diese durch Farben, Strukturen und Kombination mit anderen Materialien kreativ verändern und gestalten können, wie handgeschöpftes Papier zu Ihrem ganz individuellen künstlerischen Ausdrucksmittel und zum Ausgangsmaterial für viele zauberhafte Anwendungen wird.
Das Buch ist so gestaltet, daß Sie mit leicht verständlichen Anleitungen und vielen Arbeitsfotos schrittweise zum Ziel geführt werden. Die gezeigten Beispiele sollen Sie jedoch nicht nur zum Nacharbeiten anregen, sondern Mut machen für eigene Papier-Kreationen. Sie werden überrascht sein, wie schnell Sie Erfolg haben. Der Reiz des unerwarteten Ergebnisses wird Sie faszinieren!
Ich wünsche Ihnen viel Spaß und Erfolg bei dieser im wahrsten Sinne des Wortes „schöpferischen" Tätigkeit.

Ihre Traudel Hartel

Kleine Papier-Geschichte

Wenn man bedenkt, daß Papier heutzutage aus unserem Leben nicht mehr wegzudenken ist, dann liegt seine Erfindung noch gar nicht so lange zurück: Vor etwa 2000 Jahren wurde es zum ersten Mal in China hergestellt.
Der Überlieferung nach kam man darauf durch das Beobachten von Wespen beim Nestbau. Wespen erzeugen aus morschem Holz, das sie mit ihrem Speichel zu einem Brei vermischen, die Baumasse für ihr Nest. So gesehen, besteht also ein Wespennest aus echtem Papier.
Aus dem Jahre 105 n. Chr. stammt die erste Dokumentation der Kunst des Papiermachens. Darin beschreibt der Chinese Tsai Lun ein Verfahren zur Papierherstellung folgendermaßen: Aus den Fasern des (Papier-)Maulbeerbaums und aus Textilabfällen, also Lumpen, wird durch Stampfen in Steinmörsern und unter Zugabe von Wasser ein Brei erzeugt, der dann mit einem Sieb geschöpft, gepreßt, an der Sonne getrocknet und schließlich mit Steinen geglättet wird.
Damit war ein völlig neuer Beschreibstoff erfunden, der allerdings die bis dahin verwendeten Schriftträger erst sehr viel später ersetzte.
Zu den ältesten Schrift- und Bildträgern zählen Stein- und Tontafeln. Die bekanntesten direkten Vorläufer des Papiers sind Papyrus und Pergament. Der aus Ägypten stammende, aus dem Stengelmark der Papyrusstaude hergestellte Papyrus, der unserem heutigen Papier den Namen gab, ist seit etwa 3000 v. Chr. nachweisbar. Das noch ältere, aus bearbeiteten Tierhäuten gewonnene Pergament, das in Kleinasien seinen Ursprung hat, entwickelte sich dann aber wegen seiner guten Haltbarkeit zum bevorzugten Beschreibstoff. Es wurde bis Ende des Mittelalters benutzt und erst durch das Papier verdrängt.

Die zunächst streng gehütete Kunst der Papierherstellung breitete sich von China zuerst nach Korea und Japan aus, wo sich eine sehr anspruchsvolle Papierkultur entwickelte. Die Araber übernahmen im 8. Jahrhundert die Kunst der Papierbereitung und brachten sie 400 Jahre später auch nach Europa. Um das Jahr 1150 wurde in Spanien die erste Papiermühle gegründet. Etwa 150 Jahre später gelang in Italien eine wesentliche Verbesserung der Papierqualität durch Einführung von Stampfmühlen und Verwendung von tierischen Leimen. Hier wurde auch zum ersten Mal das Wasserzeichen verwendet.
Die erste deutsche Papiermühle wurde 1390 bei Nürnberg errichtet. In der Folgezeit entstanden überall in Europa entlang der Flüsse Papiermühlen, und Ende des 17. Jahrhunderts war die Papierherstellung in ganz Europa bekannt.
Zur Herstellung von Papier wurden damals ausschließlich Lumpen verwendet. Sie wurden eingeweicht, dann mit Stampfhämmern zerkleinert und mit so viel Wasser verdünnt, bis ein Faserbrei entstand, aus dem mittels Schöpfsieb das Papier geschöpft werden konnte. Die einzelnen Blätter legte man auf Filz, drückte mit einer Presse das Wasser aus und hängte sie dann zum Trocknen auf.
Bis zum 15. Jahrhundert wurde das Papier vor allem für handgeschriebene Briefe, Urkunden und Bekanntmachungen verwendet. Nach der Erfindung des Buchdrucks durch Gutenberg stieg die

Nachfrage nach Papier stark an. War es doch nun möglich, Bücher in größeren Auflagen herzustellen. Was zur Folge hatte, daß der Rohstoff für die Papierherstellung – Lumpen – immer knapper wurde. Doch erst Ende des 18. Jahrhunderts war es durch neue technische Verfahren möglich, Stroh und Holz für die Papiergewinnung zu nutzen. Heute werden der aus Holz gewonnene Zellstoff und verstärkt auch Altpapier als Rohstoff verwendet.

Material und Werkzeug

Altpapier und Zellstoff
Als Rohmaterial verwende ich zur Herstellung der Papiere fast ausschließlich Altpapier. Das können Tageszeitungen, Druckpapiere, Briefe und Umschläge sein, oder auch farbige Kartons wie Eier- und Obstverpackungen oder Buntpapiere und farbige Servietten. Verwenden Sie Zellstoff (Zellulose), so muß diesem Kaolin und Leim zugefügt werden. Die Auswahl des Recycling-Papiers bestimmt auch die Farbe und Struktur des handgeschöpften Papiers.

Mixer
Zum Herstellen des Faserbreis benötigen Sie einen elektrischen Küchen- oder Stabmixer. Auch eine elektrische Bohrmaschine mit Farbrühreinsatz kann für diesen Zweck verwendet werden, allerdings wird die aufgequollene Papiermasse damit nicht sehr fein zerkleinert.

Schöpfwanne
Als Schöpfwanne (früher „Bütte" genannt) eignet sich eine Kunststoffwanne oder ein großes Gefäß, in welches das Schöpfgitter bzw. der Schöpfrahmen vollständig eingetaucht werden kann.

Schöpfgitter bzw. -rahmen
Ich arbeite – auch in meinen Kursen – vorzugsweise ohne Rahmen, mit einem einfachen Drahtgitter aus Aluminium. Gut geeignet sind auch in Haushaltsgeschäften erhältliche Spritzschutzsiebe (meist rund) oder einfach Fliegendraht.
Natürlich können Sie sich einen Holzschöpfrahmen auch selbst herstellen oder kaufen (siehe Seite 64).

Gautschtücher
Für das sogenannte Abgautschen, das Übertragen der geschöpften Papierschicht vom Gitter auf ein feuchtes Tuch, verwenden Sie am besten einfache Allzwecktücher. Schneiden Sie diese etwas größer zu als das zu schöpfende Papier.

Saugfähige Unterlagen
Diese können aus Molton oder Filz sein. Ausgediente Handtücher erfüllen jedoch den gleichen Zweck.

Nudelholz
Für das Abgautschen der rahmenlosen Schöpfgitter eignet sich vorzüglich ein Nudelholz. Der Faserbrei wird durch die rollende Bewegung und etwas Druck gut entwässert und abgepreßt.

Presse
Sie ist nicht unbedingt erforderlich, da durch das Abgautschen mit dem Nudelholz das geschöpfte Papier gut entwässert und geglättet wird.

Trocknen
Dazu benötigen Sie entweder eine Vorrichtung zum Aufhängen der auf den Gautschtüchern befindlichen Papiere oder genügend Platz zum Auslegen auf einer glatten Fläche.

Vorbereiten zum Schöpfen

Herstellen des Faserbreis
Das Altpapier wird in kleine Stücke zerrissen und, nach Farben getrennt, über Nacht in Wasser eingeweicht.
Bei Verwendung von stark bedruckten Papieren empfehle ich Ihnen, die Papierschnipsel zu kochen und den nach oben steigenden dunklen Schaum mit der Schöpfkelle abzunehmen. So reduzieren Sie die Druckerschwärze in Ihrem Papier. Ein Grauton wird allerdings bleiben, den Sie aber durch Färbung, beispielsweise mit Pflanzen, verdecken können (s. Seite 20).
Mit dem Mixer wird nun die eingeweichte Papiermasse zu einem sämigen Brei gemahlen. Je feiner der Faserbrei, um so dünner wird das Papier. Achten Sie darauf, daß der Mixer zu zwei Dritteln mit

Wasser gefüllt ist, sonst leidet Ihre Maschine. Mahlen Sie ausreichend Faserbrei (mindestens zwei Mixer-Füllungen), damit Sie während des Schöpfens genügend Reserve haben.

Zuschneiden der Schöpfgitter

Beim kreativen, experimentellen Papierschöpfen haben die einfachen Schöpfgitter gegenüber dem klassischen Schöpfrahmen einen großen Vorteil: Sie lassen sich mit einer Drahtschere in jeder gewünschten Größe und Form (Ihre Papier-Kreation kann z. B. auch rund sein!) leicht zuschneiden.

Herstellen eines Schöpfrahmens

Er besteht aus dem Sieb- und dem Formenrahmen. Der Formenrahmen dient als Begrenzung für den Papierrand und ist etwas größer als der Siebrahmen. Hergestellt werden die Rahmen aus Holzleisten, die Sie im Baumarkt bekommen und die man dort auf die gewünschte Größe zuschneiden lassen kann. Sie werden zusammengeleimt oder -genagelt und der besseren Stabilität wegen an den Ecken mit Winkelverstärkern versehen.

Der Siebrahmen wird mit Drahtgeflecht bespannt. Es muß straff am Rahmen befestigt werden, am einfachsten mit einem Tucker. Hängt das Drahtgeflecht durch, dann wird beim Schöpfen das Papier in der Mitte dicker als an den Rändern. Für den Anfang empfehle ich einen nicht zu großen Rahmen, etwa in der Größe DIN A5, weil leicht zu handhaben. Maße: DIN A5 = 15 x 21 cm plus Leistenbreite.

Der Arbeitsplatz
Da es sich beim Papierschöpfen um eine feuchte Angelegenheit handelt, wählen Sie Ihren Arbeitsplatz dementsprechend in Küche, Bad oder Werkraum. Ein Wasser- und Stromanschluß sollte sich im Raum befinden. Ideal ist ein Arbeitsplatz im Freien.
Als Arbeitsfläche brauchen Sie einen mittelgroßen Tisch, den Sie mit Folie abdecken können. Für die Schöpfwanne und die saugfähige Unterlage (Molton) sollte ausreichend Platz sein. Gut angefeuchtete Gautschtücher, in der richtigen Größe zugeschnitten, liegen bereit, eines davon immer auf der Moltonunterlage. Drahtgitter und Schöpfrahmen befinden sich neben der Bütte. Ein Nudelholz zum Abgautschen und gemahlener Faserbrei sind auch vorhanden. Denken Sie daran, den Mixer in der Nähe zu haben, damit Sie, falls nötig, zusätzlichen Faserbrei herstellen können.
Zum Trocknen spannen Sie eine Wäscheleine, es sei denn, Sie haben genügend Platz, die Papiere einzeln auszulegen. Eine große Hilfe sind Stapel- oder auch Schienentrockner, die häufig in Schulen und anderen Fortbildungseinrichtungen vorhanden sind.
Möchten Sie die Papiere kreativ gestalten, dann benötigen Sie Materialien zum Einschöpfen, wie Gräser, Blätter und Textilien (s. Seite 22).

Restfaserbrei
Übriggebliebener Faserbrei ist nur sehr begrenzt haltbar. Wenn Sie noch Platz in Ihrem Tiefkühlschrank haben, ist das Aufbewahren jedoch kein Problem: einfach einfrieren und bei Bedarf wieder auftauen!

Schöpfvorgang mit dem Schöpfgitter

Wenn alles vorbereitet ist, kann mit dem Schöpfen begonnen werden. Geben Sie den gemahlenen Faserbrei unter ständigem Umrühren in die Schöpfwanne. Füllen Sie mit so viel Wasser auf, bis eine Konsistenz, vergleichbar mit flüssiger Sahne, erreicht ist. Rühren Sie den Faserbrei immer wieder mit der Hand durch, da sich die Fasern schnell auf dem Boden absetzen.
Jetzt nehmen Sie das Schöpfgitter und tauchen es, schräg vom Wannenrand aus, vollständig in den Faserbrei ein. Legen Sie beide Hände flach unter das Gitter und bringen Sie das Sieb in eine waagerechte Lage. Wenn Sie es jetzt langsam nach oben heben, setzt sich eine gleichmäßige Schicht Faserbrei auf dem Gitter ab, die sich beim Herausheben verdichtet und verfilzt. Zum Abtropfen halten Sie das Sieb kurze Zeit schräg über die Schöpfwanne, dann kippen Sie es, mit dem Faserbrei nach unten, auf das feuchte Abgautschtuch.
Rollen Sie das Nudelholz mit etwas Druck mehrmals über das Drahtgitter; damit entwässern und verfilzen Sie das geschöpfte Papier und gautschen es gleichzeitig ab. Durch das Abrollen hebt sich das Gitter rasch an einer Ecke hoch, so daß Sie es dann ganz leicht abnehmen können.
Ihr erstes Blatt ist geschöpft. Sollte sich das Schöpfgitter nicht ablösen, so ist der Faserbrei zu dünn oder es haben sich Fasern am Gitterrand

festgesetzt. Diese dann leicht mit der Hand abstreifen.
Nun hängen Sie die Gautschtücher mit den anhaftenden Papierbögen zum Trocknen auf oder legen sie auf eine flache Unterlage. Nach dem Trocknen kann das geschöpfte Papier einfach vom Gautschtuch abgezogen werden. Falten oder Wellen korrigiert man mit dem Bügeleisen.
Größere Bögen erhält man durch Aneinanderschöpfen mehrerer kleiner Bögen.
Sie benötigen ein großes Gautschtuch, auf das Sie die einzelnen frisch geschöpften Blätter so aneinanderlegen, daß sie sich 2 cm überlappen. Wichtig ist, die Übergänge sorgfältig abzugautschen. Je nach Verbrauch muß der Faserbrei ab und zu ergänzt werden. Sollten Ihre Blätter zu dünn werden, geben Sie Faserbrei hinzu, werden sie zu dick, verdünnen Sie den Brei mit Wasser.

Presse
Falls Sie zum Entwässern und Glätten der Papiere eine Presse benutzen wollen, stapeln Sie alle geschöpften Papiere mit den Gautschtüchern zu einem sogenannten Pauscht. Dieser wird dann

in der Presse oder zwischen zwei Preßbrettern mit Schraubzwingen kräftig ausgepreßt. So behandelt trocknen die Papiere schneller.

Schöpfvorgang mit dem Schöpfrahmen

Den Begrenzungsrahmen auf das Schöpfsieb setzen. Den Schöpfrahmen senkrecht mit beiden Händen in den Faserbrei eintauchen und langsam waagerecht aus der Bütte nach oben kommen.

Vorsichtig den Begrenzungsrahmen abnehmen und das Schöpfsieb leicht schräg halten, damit das überschüssige Wasser ablaufen kann. Die Fasern haben sich bereits zum Papier verfilzt. Achten Sie daher darauf, daß keine Wassertropfen auf das geschöpfte Papier fallen.

Nun gautschen Sie das Papier vom Sieb auf die Vliesunterlage, d. h. Sie bringen das geschöpfte Papier auf eine saugfähige Unterlage. Plazieren Sie den Schöpfrahmen auf dem Vlies und streichen Sie mit einem Schwamm über die Oberfläche des Siebes.
Beginnen Sie an einer Ecke; das Sieb läßt sich so leicht von der Unterlage abheben.

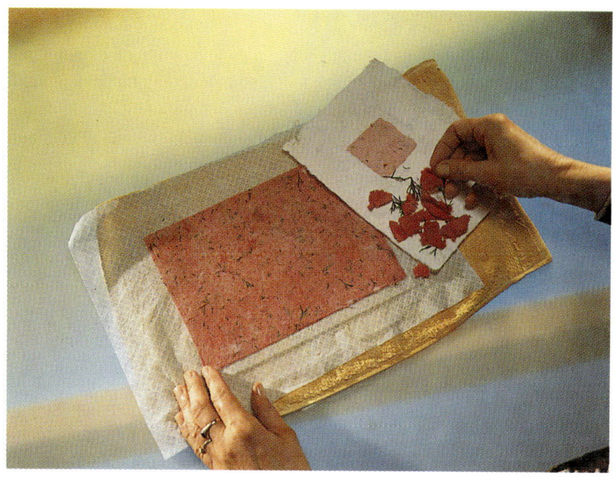

Das geschöpfte Papier können Sie mit dem Vlies zum Trocknen aufhängen oder zwischen zwei Lagen Vlies trocken bügeln. Der Faserbrei bestand hier aus weißem Druckerpapier, roten Serviettenschnipseln und kleingeschnittenem Gras.

Farbige Papiere
Als Ausgangsmaterial können Sie farbige Pappkartons, Eierschachteln oder buntes Altpapier verwenden. Interessante Farbtöne entstehen vor allem auch durch Mischen von verschiedenfarbigem Fasermaterial. Hier ist Experimentieren gefragt.

Zeitungen
Ein wichtiger Ausgangsrohstoff für handgeschöpftes Papier sind alte Zeitungen. Allerdings haben die daraus entstandenen Papiere immer eine – durch die Druckerschwärze bedingte – Grautönung. Der Faserbrei läßt sich leicht mit Flüssigfarben jeglicher Art färben.

FINANCIA
Palestinians are urged to attend ta
Balfour Beatty
Kuns
on einem K
TECHNOLO
Roger

Struktur und Farbe

Bisher haben Sie die Basistechnik des Papierschöpfens kennengelernt. Doch erst durch gezielte Farbgebung oder eine durch Strukturen belebte Oberfläche wird ein handgeschöpftes Papier auch interessant.

Pflanzenzusätze
Gerade Faserbrei aus Zeitungen hat einen ziemlich ausgeprägten Grauton, das Papier daraus bedarf unbedingt einer Verschönerung. Hier kann man durch das Experimentieren mit Pflanzenteilen verblüffende Effekte erzielen. Dekorative Papiere erhalten Sie beispielsweise durch den Zusatz von verschiedenen Gräsern. Besonders gut eignen sich auch Brennesseln, Lauch, Rhabarber, Wiesenblumen, Herbstlaub, Stroh, Spargelschalen. Sicher entdecken Sie selbst noch andere effektvolle „Zutaten".
Das Pflanzenmaterial schneiden Sie in kleine Stücke und kochen es in Wasser weich. Danach geben Sie es inklusive Saft (er dient gleichzeitig als Färbemittel) zum Zerkleinern in den Mixer. Je nach gewünschter Struktur mahlen Sie den Brei fein oder grob. Vermischen Sie nun den Pflanzenfaserbrei mit dem Faserbrei aus Recycling-Papier, wobei ein Mischungsverhältnis von 1:1 ein guter Ausgangspunkt ist. Möchten Sie ein besonders „bewegtes" Blatt schöpfen, dann können Sie noch zusätzliches Pflanzenmaterial, beispielsweise getrocknete Blüten und Blätter, direkt vor dem Schöpfgang in den fertigen Faserbrei streuen.

Pflanzenpapiere
Sie können auch Papier nur aus Pflanzenfasern herstellen. Hierfür eignen sich insbesondere langfaserige Pflanzen wie Gräser, Brennesseln, Maisblätter, Farne oder Getreidestroh. Die Pflanzen müssen zerkleinert, zerdrückt und eingeweicht werden, bevor sie mehrere Stunden lang kochen. Der so entstandene Faserbrei ist dann das Material für den Schöpfvorgang.
Papiere aus reinem Pflanzenfaserbrei zeichnen sich durch sehr reizvolle grobe Strukturen aus. Allerdings sind sie ziemlich zerbrechlich. Das liegt daran, daß die Faseraufschließung durch das Kochen nicht vollständig gelingt und der Brei dadurch zu wenig Zellulose enthält. Dieser Zustand kann durch Hinzufügen von Faserbrei aus Altpapier verbessert werden. Auch hier ist das Experiment der Schlüssel zum guten Ergebnis.

Farbe
Pflanzenpapiere erhalten meist die helle natürliche Färbung der entsprechenden Pflanze. Zeitungspapiere haben jedoch durch die Druckerschwärze eine sehr dunkle Farbe.
Den Faserbrei können Sie mit einfachen bunten Servietten wunderbar umfärben: Mixen Sie die gerissenen Zeitungsschnipsel mit Wasser und einer Handvoll gelber oder blauer Serviettenreste. Natürlich könnten Sie noch Lavendelblüten oder kleingeschnittenes Heu untermischen.

Bild rechts:
Die unterschiedlichen Strukturen und Färbungen dieser Papiere entstanden durch den Zusatz von Zwiebelschalen, Brennesseln, Ringelblumen, Spinat, Stroh, Rhabarber, Tee, Wiesenblumen, Heu (von rechts nach links).

Schöpfvariationen

Einschöpfen

Wollen Sie Ihrem Papier ein besonderes, dekoratives Aussehen verleihen, können Sie getrocknete Gräser, Blüten oder Gewürze, Zeitungsausrisse, Fotos oder kleine Sammelobjekte einschöpfen. Wenn Sie Ihrer Phantasie dabei freien Lauf lassen, werden Ihnen bald richtige kleine Kunstwerke gelingen. Zum Einschöpfen benötigen Sie zusätzliche einfache Schöpfgitter, etwa in der Größe der einzuschließenden Objekte (Herstellung s. Seite 13). Auf das abgegautschte, aber noch nasse Blatt Papier legen Sie zum Beipiel ein gepreßtes Pflanzenmotiv. Mit einem kleinen Schöpfgitter nehmen Sie nun Faserbrei auf, lassen ihn abtropfen und überdecken damit (Faserbrei nach unten) teilweise das Motiv. Wichtig ist jetzt, vor dem Abgautschen erneut das große Schöpfgitter aufzulegen, weil sonst das nicht vom Gitter bedeckte nasse Blatt am Nudelholz hängenbleiben würde. Durch Abrollen pressen Sie das Wasser aus und heben dann beide Gitter ab. Falls Sie Papierobjekte einschöpfen wollen, sollten die Ränder der besseren Haftung wegen nicht geschnitten, sondern gerissen sein.

Bei zarten Gräsern oder Blumen empfiehlt sich das Eingießen mit Faserbrei. Das frisch geschöpfte Blatt Papier bleibt zunächst auf dem Schöpfgitter liegen. Darauf legen Sie die Gräser oder Blüten und drücken sie leicht an. Halten Sie nun das Gitter etwas schräg über die Schöpfwanne und übergießen Sie das aufgelegte Motiv mit Faserbrei. So bleibt eine nur dünne Faserschicht haften, durch die hindurch die Gräser oder Blüten weiterhin sichtbar bleiben. Jetzt gautschen Sie das ganze Blatt ab und lassen es trocknen. Beim Abziehen des getrockneten Papiers werden Sie von Ihrem kleinen Papierkunstwerk überrascht sein!

Einschließen
Eine weitere Möglichkeit ist das vollständige Einschließen von Objekten, wie stark strukturierten Geweben, Fäden, Bändern, Klammern oder beliebigen anderen Fremdmaterialien, durch das Aufeinanderschöpfen zweier Blätter. Die Struktur des eingeschlossenen Objekts ist durch das Papier hindurch zwar erkennbar, wirkt aber reizvoll verfremdet. Ein weites Feld zum künstlerischen Experimentieren!

inspiration

Initialen

Ihrem handgeschöpften Papier können Sie eine ganz persönliche Note verleihen, indem Sie die Initialen Ihres Namens mit einschöpfen. Die traditionelle Technik dafür ist das Einsetzen von Wasserzeichen, bekannt seit dem 14. Jahrhundert. Es ist gar nicht so schwer, ein Wasserzeichen selbst herzustellen: Das aus Kupferdraht gebogene Zeichen (die Drähte dürfen sich nicht kreuzen) wird auf das Schöpfsieb aufgelegt und eventuell (durch Annähen) befestigt. Beim anschließenden Schöpfen liegen die Fasern an den erhöhten Stellen weniger dicht, das Blatt ist hier lichtdurchlässiger, und das Zeichen wird sichtbar. Noch einfacher ist es, die Buchstaben direkt ins Papier einzuschöpfen. Schneiden Sie mit der Drahtschere aus Drahtgitter die gewünschten Buchstaben aus; sie dürfen nicht zu klein sein, da sonst das Abgautschen schwierig ist. Diese Buchstaben-Schöpfgitter tauchen Sie nun tief in den Faserbrei ein, lassen sie gut abtropfen und legen sie, mit dem Gitter nach oben, an der gewünschten Stelle auf die bereits abgegautschte, aber noch nasse Papierunterlage. Dann legen Sie das große Schöpfgitter darüber und gautschen ab.

Sehr reizvoll sieht es aus, wenn die Initialen einen Farbkontrast zur Papierunterlage bilden.

Hier erneut der Hinweis: Denken Sie daran, den Faserbrei vor jedem Schöpfgang umzurühren. Beim Handschöpfen mit kleinen Gittern bleiben immer Fasern an den Rändern hängen, deshalb nicht zu dünn arbeiten und sorgfältig abgautschen.

Weitere persönliche Akzente können Sie Ihrem Papier verleihen, indem sie es beispielsweise stempeln, mit einem Siegel versehen oder – unter Verwendung von Kalligraphieschablonen – kunstvoll beschreiben.

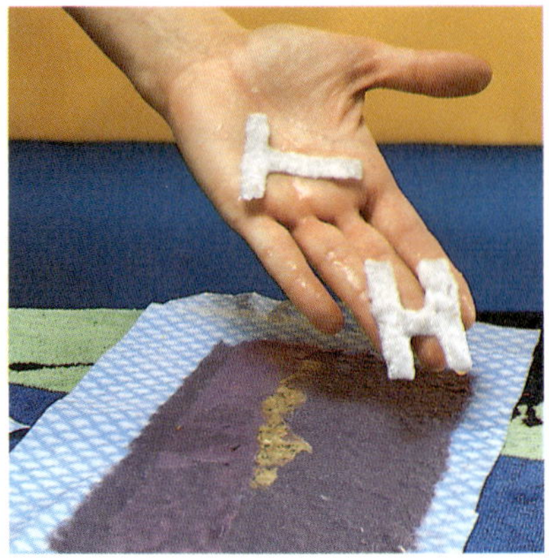

Weitere Gestaltungsmöglichkeiten

Wollen Sie ein fertiges Papier – wenn es vielleicht einmal nicht so ganz Ihren Vorstellungen entspricht – zusätzlich gestalten, können Sie es durch verschiedene Bearbeitungstechniken verändern. Einige möchte ich Ihnen hier vorstellen.

Spritztechnik
Mit einer ganz einfachen Technik können Sie wunderbare Positiv- und Negativeffekte erzielen. Dazu brauchen Sie nur eine Zahnbürste und ein Sieb. Nehmen Sie mit der Bürste viel dickflüssige Farbe auf und spritzen Sie diese durch das Sieb auf Ihr Papier. Diese einfache Methode können Sie variieren, indem Sie beispielsweise nach jedem Spritzvorgang die Farbe wechseln oder zusätzlich Schablonen auf das Papier legen, die dann als Negativmuster auf dem Papier zu sehen sind. Ähnliche, jedoch feinere Effekte erzielen Sie mit einem Farbzerstäuber und dünnflüssiger Farbe. Zusätzliche Positiv-/Negativeffekte sind auch hier sehr wirkungsvoll.

Bedrucken
Eine weitere Gestaltungsvariante ist das Bedrucken. Aus einem Radiergummi lassen sich leicht ganz individuelle Stempel herstellen (Abb. oben). Zeichnen Sie ein Motiv auf einen weichen Gummi auf und schneiden Sie dieses mit einem feinen spitzen Messer aus. Von ausgewalzter Linoldruckfarbe oder von einem Stempelkissen nehmen Sie Farbe auf und beginnen mit dem Drucken.

Stencildruck
Diese alte Technik, auch Schablonieren genannt, ist heute wieder sehr beliebt. Druckschablonen (Abb. Mitte rechts) und Pinsel dafür gibt es in großer Auswahl im Fachgeschäft zu kaufen. Es ist auch nicht schwierig, sich eine eigene Schablone anzufertigen (Abb. Mitte links). Dazu übertragen Sie Ihren gewünschten Entwurf mit Folienstift auf Stencil- oder Overheadfolie und schneiden das Muster vorsichtig mit einem Cutter aus. Mit einem Stupfpinsel voll Farbe klopfen Sie nun das Muster durch die Aussparungen der Schablone auf Ihr Papier.

Papiere mit Textilien
Das von mir bevorzugte Material zum gestalterischen Experimentieren sind textile Materialien, die von ihrer Natur her dem Papier sehr verwandt sind. Kennengelernt habe ich diese Gestaltungsmöglichkeit tatsächlich auf einer Schule für Textildesign in England.
Eine Möglichkeit ist das Einschöpfen (s. Seite 22), wozu

sich ungesponnene Schafwolle, stark strukturierte Stoffe, feine Fäden, grobe Bänder, Spitzen und handgefärbte Seide besonders gut eignen. Sie können die Materialien ganz oder auch nur teilweise einschöpfen. Nach dem Trocknen lassen sich die Papiere aber noch weiter gestalten, beispielsweise durch Besticken mit Glanzfäden oder durch Aufnähen von Pailletten und Perlen. Mit der Nähmaschine können Muster und zusätzliche Strukturen aufgenäht werden. Je länger Sie sich mit dem Thema beschäftigen, desto mehr Möglichkeiten eröffnen sich Ihnen.

„Wertpapier"
Handgefärbte und bestickte Stoffstücke in Faserbrei eingebettet, dazu Fragmente eines Börsenberichts der „Financal Times".

„Fossil"
Textile Applikation, teilweise eingeschöpft. Zusätzlich wurde das tee- und kaffeegefärbte Papier mit Glanzfäden bestickt.
Diese Arbeit kam in die Auswahl zum Europäischen Förderpreis für modernes Stickdesign, 1992.

Grußkarten

Für Gruß- und Glückwunschkarten findet handgeschöpftes Papier die häufigste Verwendung. Kein Wunder, denn es gibt wohl kaum eine schönere Möglichkeit, Papier zum „Sprechen“ zu bringen. Die vielen Gestaltungsmöglichkeiten können eine solche Karte zum Überbringer ganz persönlicher Botschaften machen.
Sehr beliebt für die Gestaltung von Grußkarten sind Gräser, Blüten und Pflanzen. Will man sie einschöpfen (s. Seite 22), müssen sie vorher getrocknet und gepreßt werden. Eine andere Möglichkeit, Pflanzenmaterialien zu verwenden, sind Duft- oder Potpourripapiere. Als Beispiel hier ein Rezept für Lavendelpapier: Lavendelblüten werden weichgekocht und zusammen mit eingeweichtem Recycling-Papier im Mixer zerkleinert. Der fertige, stark duftende Faserbrei wird dann wie üblich geschöpft. Nach dem Trocknen läßt der Duft allerdings schnell nach, kann aber mit Lavendelöl aufgefrischt werden. Auf dieselbe Weise können Sie Gewürze und andere stark duftende Pflanzen verarbeiten.
Besonders attraktiv wird das Duftpapier, wenn die duftspendende Pflanze auf dem Papier zu erkennen ist. Das können Sie durch Einschöpfen oder, noch einfacher, durch Aufkleben von Blüten, Blättern, eines Stengels oder der ganzen Pflanze erreichen.
Sehr persönlich kann eine Karte auch wirken, wenn Sie den Text des Glückwunsches in das Papier einschöpfen. Die Buchstaben dafür finden Sie in Zeitungen und Magazinen. Vielleicht stoßen Sie beim Durchblättern auch auf einen passenden Slogan oder eine dem Anlaß entsprechende kleine Zeichnung oder Karikatur.

Wenn Sie die Karte im Format DIN A5 schöpfen, paßt sie gefaltet in jeden Standard-Briefumschlag. Zum Falten verwenden Sie am besten ein Falzbein oder ein Lineal, da das Papier etwas spröde ist. Attraktiv wirkt die Briefkarte mit einer farblich passenden Schreibeinlage aus normalem Papier, die entweder lose eingelegt oder im Falz mit Klebstoff befestigt werden kann.

Lieben Sie große Glückwunschkarten, dann kleben Sie die geschöpfte Karte ungefaltet auf einen DIN-A4-Karton. Wenn Sie den (Foto- oder Zeichen-) Karton in einer zum handgeschöpften Papier kontrastierenden Farbe wählen, wirkt er wie ein Passepartout. So wird Ihre Glückwunschkarte beim Empfänger großen Eindruck machen und vielleicht sogar als Bildobjekt Verwendung finden.

Grußkarten-Variationen
Wie unerschöpflich die Gestaltungsmöglichkeiten für Grußkarten sind, zeigen die hier abgebildeten Beispiele. Links handgeschöpfte Papiere mit eingeschlossenen textilen Materialien wie Rohwolle, Bänder und marmorierte Seide, dazu pflanzliche Materialien, auf Fotokarton geklebt. In der Abbildung oben sehen Sie stark strukturierte, mit Pflanzen verzierte Papiere.
Die Karten wurden aus einem Faserbreigemisch aus Lavendelblüten, Zeitungspapier und blauen bzw. grünen Servietten geschöpft. Die Blätter im Format DIN A 5 wurden zur Klappkarte gefaltet. Zur Verzierung der Vorderseite wurden geschöpfte Papiere und getrocknete Gräser aufgeklebt.

Briefpapier

Sie werden Ihr handgeschöpftes Papier natürlich auch als Briefpapier verwenden wollen. Allerdings müssen Sie dann erst ausprobieren, wie Tinte oder Tusche vom Papier aufgenommen werden. Normalerweise enthält Recycling-Papier genügend Leim, um ein Auslaufen von Farben auf Wasserbasis zu verhindern. Sollte dies jedoch nicht der Fall sein, müssen Sie das geschöpfte Papier imprägnieren. Die einfachste Methode ist das Einsprühen mit Wäschestärke oder das Einstreichen mit normaler Speisegelatine, wobei nach dem Trocknen das Papier leicht gebügelt werden muß.
Zum Bedrucken dagegen ist ungeleimtes Papier geeigneter, weil es die Farbe besser aufnimmt.

Kuverts

Passend zu Grußkarten und zum handgeschöpften Briefpapier können Sie natürlich auch Ihre eigenen Kuverts herstellen.
Am besten fertigen Sie zunächst aus Karton eine Schablone für ein normales DIN-C6-Kuvert an. Mit ihrer Hilfe läßt sich ein exaktes Schöpfgitter aus Drahtgeflecht ausschneiden. Die Schöpfwanne muß natürlich groß genug sein, um das Sieb vollständig eintauchen zu können.
Nach dem Trocknen verstärken Sie die Innenseiten des Kuverts mit einem dünnen Papierfutter. Dazu zeichnen Sie mit Hilfe der Schablone die Konturen auf Seiden- oder ein anderes geeignetes Papier auf, schneiden dieses dann etwa 1 cm kleiner aus und kleben das ausgeschnittene Futter auf die Innenseite des Umschlags. Nun falten Sie die beiden Seitenteile des Kuverts nach innen und kleben sie fest. Zum Schluß falzen Sie die Verschlußklappe um.

Dekorativ bedruckt
Mit Initialen, Sternen oder geometrischen Mustern in Schwarz und Gold bedruckt, wirken die handgeschöpften Papiere besonders edel. Zum Bedrucken können Sie Schablonen oder Stempel (s. auch Seite 28/29) verwenden.

Gebündelte Natur
Handgeschöpfte Pflanzen- und Duftpapiere mit passendem Kuvert können auch ein sehr hübsches persönliches Geschenk sein. Zumal wenn Sie so dekorativ gebündelt sind wie im Bild rechts. In die Schnüre (Bast, Bindfaden) können Zimtstangen, Bambusstäbchen, getrocknete Pflanzenstengel oder ähnliches eingeknotet werden, getrocknete Blätter (vielleicht finden Sie sogar ein vierblättriges Kleeblatt?) können auf das Briefpapier geklebt werden.

ANGULAR

Dosen

Holz und handgeschöpftes Papier sind eine ideale Kombination. So können aus schlichten Holzdosen (ich verwende einfache Spanschachteln aus dem Bastelgeschäft) sehr dekorative Behältnisse werden.

Das Dosenunterteil können Sie mit Holzbeize färben, der Deckel wird mit handgeschöpftem Papier bezogen. Wählen Sie ein besonders schön strukturiertes Pflanzenpapier aus. Darauf zeichnen Sie einen Kreis in der Größe des Deckels und schneiden das Papier 1 cm größer aus. Die überstehende Zugabe wird zackenförmig eingeschnitten, das Papier dann auf der Rückseite mit Weißleim eingestrichen und auf den Deckel geklebt. Die Zacken werden rundum fest an den Rand gedrückt. Schneiden Sie nun einen Streifen des Papiers in der Breite des Deckelrandes zu und kleben Sie diesen auf den Rand.

Sie können die Dose zusätzlich bedrucken (durch Stempeln oder Schablonieren, s. Seite 29) oder mit getrockneten Naturmaterialien bekleben. Gefüllt mit Duftpotpourri oder Seife ein wunderschönes Geschenk.

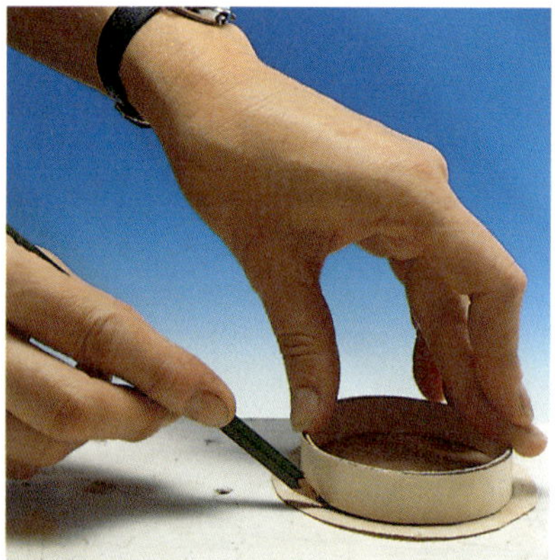

Leporellos

Ein Leporello ist ein Faltbüchlein, dessen Seiten aus einem in Zickzack gefalzten Papierband bestehen, das ähnlich einer Ziehharmonika zusammengelegt ist. Beim Öffnen kann das gefaltete Band herausgezogen werden, so daß mehrere Seiten zugleich sichtbar werden. Als kleines Fotoalbum, beispielsweise als Erinnerung an einen gemeinsam verbrachten Urlaub, kann so ein Büchlein zu einem sehr persönlichen Geschenk werden. Ihnen fallen sicher noch viele andere Verwendungsmöglichkeiten ein.
Der Einband läßt sich mit handgeschöpftem Papier, vielleicht in Form einer Papier-Collage, sehr dekorativ gestalten.
Zum Herstellen eines Leporello-Büchleins brauchen Sie zwei Pappen und Gewebeband für den Einband sowie einen langen, breiten Papierstreifen für den Inhalt. Schneiden Sie die Pappen mit der Schere oder dem Cutter in der gewünschten Größe zu und verbinden Sie diese so mit dem Gewebeband, daß ein für den Inhalt ausreichend breiter Buchrücken entsteht (s. auch Zeichnung Seite 46). Jetzt zwei handgeschöpfte

Papiere in der Größe der Buchdeckel plus 1,5 cm Zugabe an drei Seiten zuschneiden, gut mit Leim bestreichen und vorsichtig auf die Pappen auflegen. Mit einem weichen Tuch fest andrücken, dann die Ecken schräg abschneiden (s. linke Seite, Abb. unten rechts) und das überstehende Papier nach innen auf die Buchdeckel kleben.

Aus einem langen Streifen Papier oder Zeichenkarton, 1 cm weniger breit als der Bucheinband hoch ist, falten Sie im Zickzack den Faltblock und kleben ihn mit einem Ende, sozusagen der letzten Seite, auf die Innenseite des hinteren Buchdeckels. Die Innenseite des vorderen Buchdeckels sollte noch mit einem passenden, etwas kleiner zugeschnittenen Papier verkleidet werden – schon ist das Leporello-Büchlein fertig.

Mappen

Eine Mappe ist eigentlich nur ein in der Mitte gefalteter Bogen Papier oder Karton zum Sammeln und Aufbewahren von Schriftstücken, Bildern und Urkunden. Aus dieser ebenso einfachen wie praktischen Angelegenheit kann man allerdings eine ganze Menge mehr machen – wie die hier gezeigten Beispiele beweisen.
Sie brauchen zwei dicke Graupappen in der Größe 23 x 31 cm, Gewebeband, Buchbinderleim und Pinsel sowie große Bogen handgeschöpften Papiers.
Die beiden Pappen werden, wie auf der nebenstehenden Zeichnung gezeigt, auf der Außenseite mit dem Gewebeband verbunden, wobei der Rücken mindestens 2 cm breit werden sollte. Das oben und unten überstehende Gewebeband wird nach innen eingeschlagen. Drehen Sie nun die Mappe um und kleben Sie einen zweiten Gewebestreifen in die Innenseite. Dieser sollte nur so lang sein, daß er oben und unten knapp abschließt.
Für den Überzug schneiden Sie aus dem handgechöpften Papier zwei Rechtecke in der Größe der Mappendeckel, jedoch mit 2 cm Zugabe an

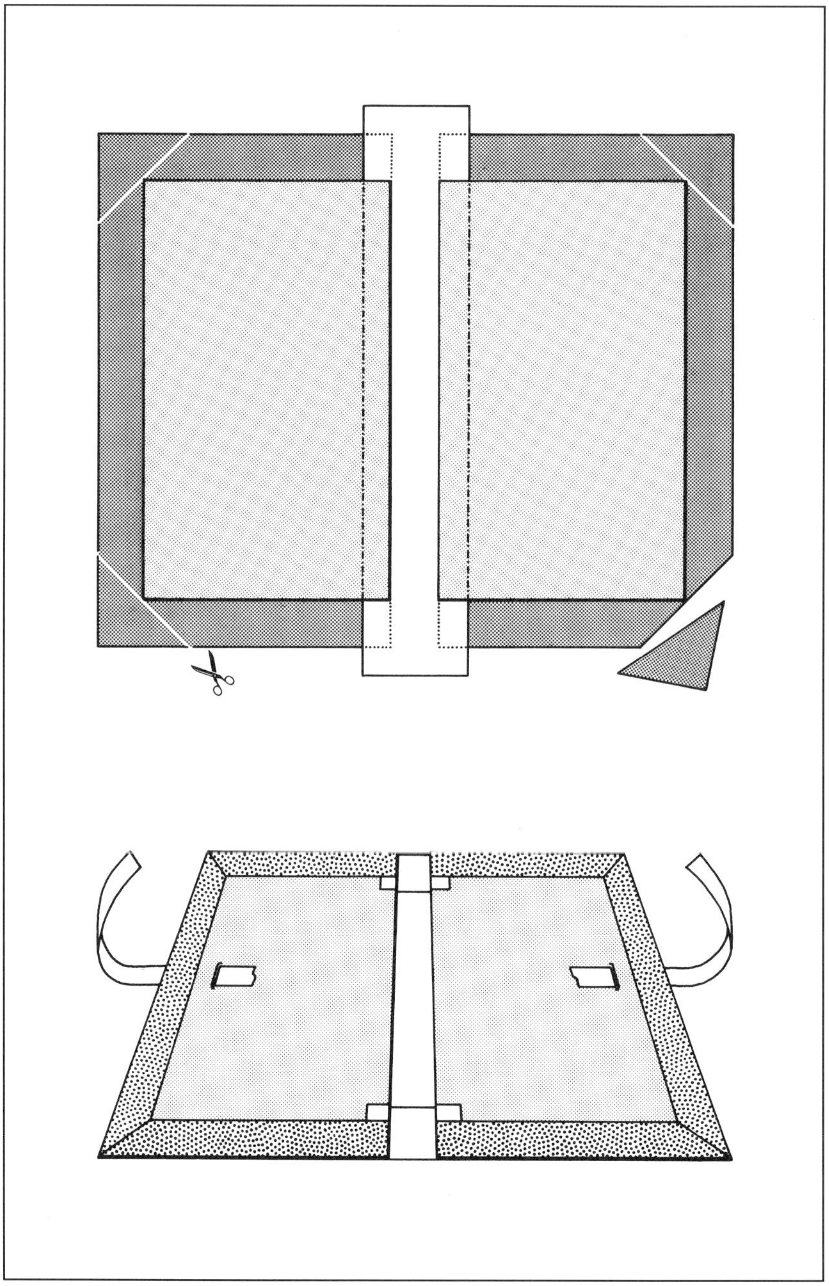

drei Seiten. Streichen Sie das Bezugspapier von links mit Leim ein, legen Sie es auf die Graupappe und drücken Sie es mit einem weichen Tuch auf. Schneiden Sie die Ecken schräg ab, schlagen Sie das überstehende Papier nach innen und kleben Sie es fest. Wenn die Mappe auch verschließbar sein soll, können Sie zum Beispiel Leinenbändchen zum Zubinden anbringen. Dazu stanzen Sie in die Mappendeckel, in halber Höhe und 2 cm vom Rand entfernt, je einen Schlitz, durch den Sie dann die Bändchen ziehen und innen festkleben.
Die Innenseiten der Mappe können Sie mit farbig passendem Tonpapier oder auch Recycling-Papier auskleiden. Die Zuschnitte dafür müssen etwas kleiner als der Einband sein. Nach dem Fertigstellen schlagen Sie die Mappe in viel saugfähiges Papier ein und beschweren sie mit Gewichten oder Büchern, damit sie sich beim Trocknen nicht verzieht.

Buch *Just for you*
Große, etwas stabiler geschöpfte Papiere können Sie gut als Bucheinbände verwenden. Sie können auch zwei Papiere übereinander schöpfen.
Das geschöpfte Papier falten Sie in der Mitte zu einem Umschlag und legen etwa fünf, ebenfalls in der Mitte gefaltete, Papiere ein. In den so geschaffenen Buchblock werden die Papiere nur mit einer Bastschnur eingehängt.
Für größere Buchobjekte mit mehr Inhalt können Sie sich auch der Fadenbindung bedienen (siehe Seite 50). Oder Sie schöpfen sich ganz individuell einen Buchumschlag, bei dem Sie Schnüre einschöpfen und so beide Deckel miteinander verbinden.

Bücher und Hefte

Haben Sie ein langweilig gebundenes Buch, das Sie vielleicht verschenken möchten, oder ein Exemplar, bei dem der Schutzumschlag verlorenging, so können Sie es sehr dekorativ verändern oder neu gestalten, indem Sie den Einband einfach mit einem handgeschöpften Papier überziehen.
Sie können aber auch einen Buchdeckel selbst herstellen. Schöpfen Sie zwei gleich große Bogen Papier und gautschen Sie diese nebeneinander auf ein großes Gautschtuch ab, und zwar in einem Abstand, der der Rückenbreite des Buchblocks entspricht. Legen Sie eine Kordel oder Paketschnur quer über die gesamte nasse Fläche; entweder nur eine in der Mitte oder je eine im oberen und im unteren Bereich. Die Schnüre sollten auf beiden Seiten etwa 10 cm überstehen, damit sie später zusammengebunden werden können. Schöpfen Sie nun zwei weitere gleich große Papiere, die paßgenau auf die beiden ersten Papiere samt Schnüren gelegt werden. Dadurch werden die Schnüre eingeschlossen und die Buchdeckel stabilisiert.

Auch schlichte Hefte können durch einen Einband aus handgeschöpftem Papier attraktiv gestaltet werden. So können Sie ein komplettes Heft selbst herstellen: Nehmen Sie 5 (oder mehr) DIN-A4-Bogen normalen Schreibpapiers und einen DIN-A4-Bogen aus leichtem Karton für den Einband. Alle Bögen werden quer in der Mitte gefalzt und ineinandergelegt. Mittels Fadenheftung (s. Skizze) verbinden Sie im Falz die Papierlagen miteinander. Die Fadenenden sollten Sie innen gut verknoten. Bei der Gestaltung des Heftdeckels können Sie wiederum Ihre ganze Phantasie spielen lassen.

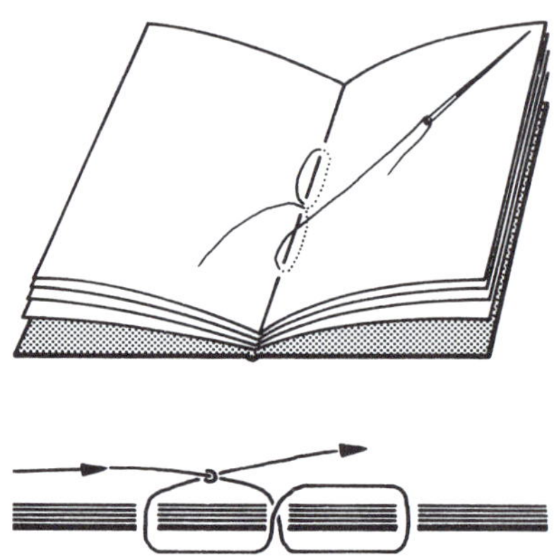

PAPIER

Verpackungen

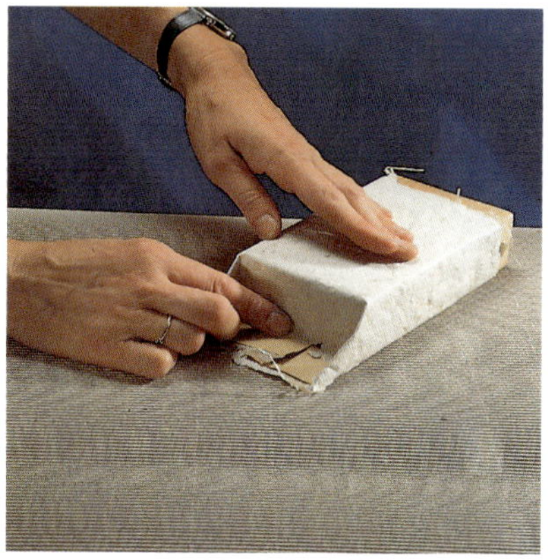

Zeigen Sie nicht nur Phantasie bei der Wahl des Geschenks, sondern auch beim Verpacken desselben! Mit einer „selbstgeschöpften" Verpackung liegen Sie in jedem Fall voll im Trend, denn umweltfreundliches Recycling-Papier und Naturmaterialien verdrängen immer mehr die aufwendigen Glanzpapiere und Glitzerbänder.

Eine hübsche Idee ist es, aus handgeschöpftem Papier Geschenk- und Tragetaschen zu falten. Nehmen Sie dazu einen Bogen etwa in der Größe DIN A4. Es eignen sich auch Papiere, die Ihnen nicht so gut gelungen sind und die Sie daher nicht anders verwenden können. Die Rückseite verstärken Sie mit normalem Papier oder auch Seidenpapier; das wird später die Innenseite der Tasche. Nun falten Sie das Papier über eine Schablone. Geeignet dafür sind Bücher, Schachteln oder am besten ein rechteckiges Stück Holz, das Sie im Bastelgeschäft bekommen. Zuerst kleben Sie die beiden Längsseiten des Papiers zusammen, falten dann den Boden wie beim Paketpacken und kleben ihn zu. Dann falzen Sie mit einem festen Gegenstand alle Kanten nach und nehmen schließlich die Form heraus. Die Seitenteile werden wie bei einer Tüte eingeknickt und gefalzt.

Soll eine Tragetasche daraus werden, müssen noch Ösen für die Bänder eingeschlagen werden.

Für größere Verpackungen müssen mehrere Bogen aneinandergeklebt oder mit der Nähmaschine zusammengenäht werden. Besonders reizvoll ist es, wenn Sie das Geschenkpapier wie eine Collage gestalten und mit viel „Natur" dekorieren, zum Beispiel mit Blättern, Rindenstücken, Gräsern und Farn.

Natürlich geschmückt
Verpackungen aus handgeschöpften Papieren, verschnürt mit Bast- und Leinenfäden und dekoriert mit Blättern, Gräsern, Rindenstücken und anderen Naturmaterialien, wirken durch ihre naturnahen Farben und Strukturen. So entstehen oft eigenwillige Objekte, immer Unikate, die den Trend zu umweltfreundlichen Materialien unterstreichen. Wenn Sie dann auch noch das entsprechende Geschenk auswählen (es gibt zum Beispiel schöne Schreibaccessoires aus umweltfreundlichen Materialien), werden Inhalt und Verpackung nicht nur zu einer sehr dekorativen, sondern auch umweltgerechten Einheit.

just for you

Collagen

Eine Collage ist eine Bildkomposition, die aus vielen auf einen Papieruntergrund geklebten Einzelelementen besteht. Mit handgeschöpften Papieren können auf diese Weise richtige kleine Kunstwerke entstehen. Bevor Sie anfangen, müssen Sie eine Idee davon haben, was die Collage darstellen soll (etwa eine Landschaft), ohne daß bereits ein genaues Bild vom Endergebnis in Ihrer Vorstellung sein muß. Suchen Sie aus Ihrem Papier-Fundus die von Farbe und Struktur her interessantesten und am besten zu kombinierenden Papiere aus und reißen Sie sie in unterschiedlich große und verschieden geformte Stücke. Wichtig: Die Papiere werden nur gerissen, nicht geschnitten. Darüber hinaus können Sie aber auch viele andere Dinge, wie Wolle, Federn, Gräser, Erinnerungsstücke, Fotos, Bilder, Marmor- und Seidenpapiere, mit verwenden. Komponieren Sie nun aus den Einzelelementen Ihr Bild. Variieren und verändern Sie es immer wieder, bis die Komposition Ihren Vorstellungen entspricht. Dann kleben Sie

alles vorsichtig auf. Ihrer Phantasie ist hier ein großer Spielraum gesetzt. Besonders gelungene Collagen, vielleicht auch nur Ausschnitte davon, kommen hinter einem Passepartout besonders gut zur Geltung.

Collage mit Seidenpapier
Bei dieser Collage (Abb. unten) wurden handgefärbte und marmorierte Seidenpapiere teilweise beim Schöpfen eingebettet bzw. gitterförmig aufgeschöpft. Das Untergrundpapier ist besonders stark strukturiert.

Papier-Objekte
Hier wurden handgeschöpfte Papiere zu dekorativ gestalteten Objekten verarbeitet (Abb. rechte Seite). Die Collage oben rechts im Bild ist eine aus gerissenen Papierstücken komponierte Landschaft. Der Umschlag des Leporello-Büchleins besteht aus einer geschöpften Collage, und der Serviettenring wird von einem Stern geschmückt, der aus einer auf Pappe geklebten Collage geschnitten wurde.

Form – Farbe – Struktur
Die Möglichkeiten der Gestaltung sind unerschöpflich, wie auch diese Komposition von Marianne Vogel, einer meiner Kursteilnehmerinnen, beweist. Der Kontrast zwischen grober Pflanzenstruktur und feinem Gittermuster in hell und dunkel verleiht dem Papier eine besondere Spannung. Auf der rechten Seite ein Buchobjekt, das durch die eingeschöpften Blätter wirkt. Die im Einband eingeschlossenen Bänder sind nicht nur Dekoration, sondern auch origineller Verschluß. Der Inhalt besteht aus einer Sammlung unterschiedlicher Pflanzenpapiere.

Bildobjekte

Wenn Ihnen eine Ihrer Papier-Kreationen besonders gut gefällt, dann sollten Sie sich nicht scheuen, sie zu rahmen und aufzuhängen. Sie werden erstaunt sein, wie ein schöner Rahmen die dekorative Wirkung noch unterstreicht. Vielleicht haben Sie sogar einen alten vergoldeten Rahmen, der einen starken Kontrast zum Papier-Objekt bildet. So wird daraus ein kleines Kunstwerk.

Modellieren
Übriggebliebenen Faserbrei können Sie weiterverwenden, indem Sie ihn, durch Zusatz von Sägemehl und Weißleim, zu einer Modelliermasse verarbeiten. Daraus lassen sich beispielsweise Schalen, Teller, Kugeln (Bild rechte Seite) und andere dekorative Objekte modellieren. Möchten Sie den übriggebliebenen Faserbrei nicht gleich weiterverarbeiten, können Sie ihn ohne weiteres im Tiefkühlfach aufbewahren (s. auch Seite 14).

Herstellernachweis

Mit den Produkten der folgenden Hersteller habe ich gute Erfahrungen gemacht. Ich bitte Sie, diese Liste nur als Vorschlag zu verstehen. Selbstverständlich können Sie auch Produkte anderer Hersteller zum Papierschöpfen verwenden.

Schöpfrahmen und Aluminium-Schöpfgitter vertreibt die Firma
Pulsar Naturprodukte GmbH,
Postfach 10 20 08,
63266 Dreieich,
Tel. 06103/5 93 80,
Fax 06103/3 67 14.

Fasern, Zellstoffe und Zusatzstoffe bekommen Sie in großer Auswahl bei
Eifeltormühle
Papiermacherbedarf,
Auf dem Essig 3,
53359 Rheinbach-Hilberath,
Tel. 0 22 26/2102,
Fax 0 22 26/9134 37.

Einfache Drahtgitter, Haushaltssiebe und Vliesunterlagen finden Sie preiswert in Baumärkten oder Kaufhäusern.

Rohlinge für Bücher, Mappen und Schachteln können Sie bestellen bei
Peter Baumgartner,
Schloßstraße 29,
79189 Bad Krozingen,
Tel. 0 76 33/94 90 25,
Fax 0 76 33/94 89 57.